Russian S

Natasha Alexandrova

Consultant Editor Anna Watt

Azbuka

Continuing with Syllables

Step 4

Original Cover by Sofya Dushkina

Modified Cover by Anna Alexeeva

russianstepbystepchildren.com

First Edition

Beginning with Syllables for Preschoolers

Russian Step By Step

All rights reserved

Copyright © 2014 by Russian Step By Step

No part of this book may be reproduced or transmitted in any form or by any means, electronic or mechanical, including photocopying, recording, or by any information storage and retrieval system, without written permission from the publisher.

ISBN-13:   978-1500226800
ISBN-10:   1500226807

Printed in the United States of America

Русский шаг за шагом

Наташа Александрова

Редактор Анна Вотт

Азбука

Продолжаем учить слоги
Шаг 4

Оригинальная обложка Софьи Душкиной

Обложка адаптирована Анной Алексеевой

russianstepbystepchildren.com

Дорогие взрослые!

Наша книга «Продолжаем учить слоги» – это четвёртый и последний шаг в серии *Подготовка малыша к чтению.* Цель этой книги - научить ребёнка узнавать простые слоги с мягкими гласными, а также с некоторыми шипящими согласными.

Ваш малыш уже может читать простые слоги с твёрдыми гласными. Теперь наша задача научить его узнавать слоги с мягкими гласными и с согласными ж, ч, щ.

В данной книжке представлены 4 варианта слов:

1) **Согласная – гласная**: ли-са, ки-са.
2) **Согласная – гласная - согласная**: кит, лес.
3) **Гласная- согласная – гласная:** е-жи
4) **Шипящая согласная – гласная:** чу-до, ши-пы

В этой книге мы представили слова с мягкими гласными (**И, Я, Е, Ё, Ю**) и с некоторыми шипящими согласными в комбинация, которые представляют некоторую трудность при чтении, так как произносятся не так как слышатся: **жи-ши**, **ча-ща**, **чу-щу**.

Для дополнительных заданий и информации о работе с этой книгой, мы предлагаем вам посетить наш сайт russianstepbystepchildren.com.

Dear adults!

Our book "Continuing with Syllables" is the fourth and the last step in our series to prepare children to read in Russian. The goal of this book is to teach the child recognize some syllables with soft vowels and with some hissing sounds (that are the most challenging for kids).

If your child already knows how to read simple syllables with soft vowels. Now our task is to teach him/her recognize syllables with soft vowels and the consonants ж, ч, щ.

In this book we present the versions of the syllables:

1) **Consonant – vowel**: ли-са, ки-са.

2) **Consonant – vowel - Consonant**: кит, лес.

3) **Vowel - Consonant – vowel**: е-жи.

4) **Hissing Consonant – vowel**: чу-до, ши-пы.

In this book we are introducing the words with **soft vowels** (**И, Я, Е, Ё, Ю**) and the **hissing consonants** in the combination that can be challenging for the children, because they are pronounced differently from regular ones: **жи-ши**, **ча-ща**, **чу-щу**.

For translation, additional tasks and information on how to work with this book, please visit our website **russianstepbystepchildren.com**.

и

Ли
Ки
ви
са

У лисы много дел. Она собралась в магазин.

Ли-са

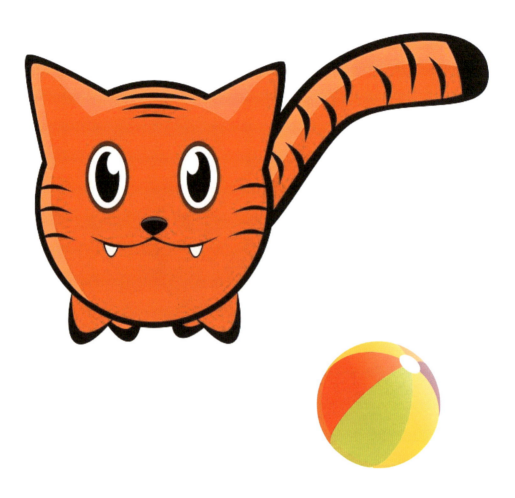

Этот рыжий кот любит играть с мячиком.

Как мы ласково называем котика?

Ки-са

У кита на голове ноздри. Он через них дышит и выпускает фонтанчик.

И

| зи |
| Ки |
| ма |
| Но |

У алых маков тонкие ножки.

Ма-ки

Дети с папой слепили снеговика и сделали ему нос из морковки, а руки из веток.

Ру-ки

Мы любим зиму.

Зи-ма

Е - И

| Ле |
| Де |
| Ве |
| ти |

Дети должны дружить друг с другом.

Де-ти

В лесу родилась ёлочка. В лесу она росла.

лес

Лев – царь зверей.

У Веры в руке леденец.

Ве-ра

Я

Ля
дя
Мя
тя

Эту куклу зовут Ляля. У Ляли есть косы.

Ля-ля

Мяч круглый. Дети любят играть в мяч.

Мяч

Этот дядя пилот.

Дя-дя

Арбуз сочный и сладкий.

Ням - ням

Кате весело - она танцует.

Ка-тя

Ё - Я

Тё
Дё
Бя
тя

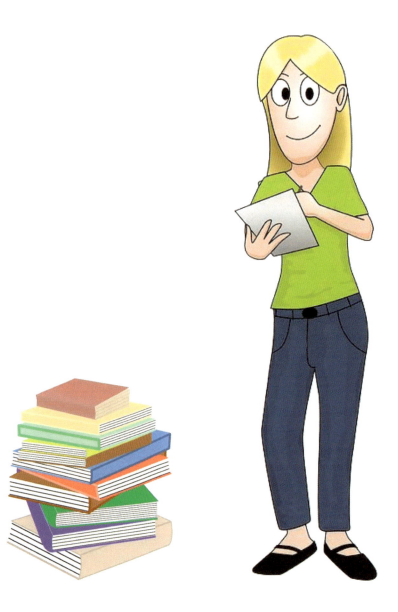

Тётя Нина очень любит читать книжки.

Тё-тя

У ёжика Тёмы есть младший брат Дёма.

У Бяши кудрявая шерсть.

Бя-ша

У - А

Чу
Щу
ча
тя

У эльфов есть крылья и они могут делать чудеса.

чу-до

Щука скользкая и зубастая. Она ест маленьких рыбок.

Туча закрывает солнышко.

Ту-ча

Ю - И

Лю
ли
ши
жи

Люли-люли люленьки, прилетели гуленьки.

Лю-ли

Эти ежики идут в гости к Тёме и Дёме.

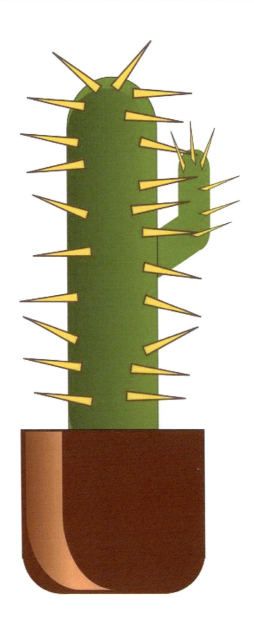

У кактуса шипы.

Ши-пы

Мыши любят сыр.

Мы-ши

Russian Step By Step learning system is designed by an experienced teacher and language course developers to introduce a step-by-step approach to learning Russian. Our goal is to provide the learners of Russian with clear and simple explanations and lots of practice.

For a complete list of titles, prices, more information about our company and learning materials, please, visit our website at russianstepbystepchildren.com.

If you are teaching Russian using our materials, you can contact us regarding a complimentary training at info@russianstepbystepchildren.com.

Available Titles

Children's Series:

1. Azbuka 1: **Coloring Russian Alhpabet:** Азбука- раскраска (Step 1)
2. Azbuka 2: **Playing with Russian Letters:** Занимательная азбука (Step 2)
3. Azbuka 3: **Beginning with Syllables:** Мои первые слоги (Step 3)
4. Azbuka 4: **Continuing with Syllables:** Продолжаем учить слоги (Step 4)
5. **Animal Names and Sounds:** Кто как говорит (Part 1 and Part 2)
6. Propisi for Children: **Trace and Learn**: Прописи для дошкольников (Step 1)

Adult Learner's Series:

1. **Reading Russian Workbook**: Total Beginner (Book & Audio)
2. **Beginner** Level 1 (Book & Audio)
3. **Low Intermediate** Level 2 (Book & Audio)
4. **Intermediate** Level 3 (Book & Audio)
5. Russian Handwriting 1: **Propisi 1**
6. Russian Handwriting 2: **Propisi 2**
7. Russian Handwriting 3: **Propisi 3**
8. **Verbs of Motion**: Workbook 1
9. **Verbs of Motion**: Workbook 2

You can also follow us on Facebook **www.facebook.com/RussianStepByStep**

Made in the USA
Lexington, KY
26 August 2014